FABIUS BOITAL

Nasser-ed-Din Schah

LA PERSE

La Légende et l'Histoire

PARIS

IMPRIMERIE BREVETÉE CH. BLOT

7, RUE BLEUE, 7

1878

Nasser-ed-Din Schah

ET

LA PERSE

FABIUS BOITAL

Nasser-ed-Din Schah

ET

LA PERSE

La Légende et l'Histoire

PARIS

IMPRIMERIE BREVETÉE CH. BLOT

7, RUE BLEUE, 7

1878

NOTE

—

On écrit le mot Schah de tant de manières différentes : Schah, Shah, Chah, que nous avons voulu connaître son étymologie afin de nous arrêter à une orthographe rationnelle, et voici celle qui nous a paru devoir nous fixer sur ce point :

Schapour Ier, deuxième roi de la dynastie des Sassanides, était fils de Ardschir (Artaxerxès), qui s'était nommé lui-même le *Roi des Rois.*

La naissance de Schapour avait été cachée à Ardschir par un serviteur dévoué. Lorsque ce serviteur jugea le moment venu de révéler à son souverain l'existence de son fils, et l'horrible mutilation à laquelle il s'était volontairement soumis pour que son souverain ne conçut aucun doute sur sa paternité, on appela cet enfant « *le Fils du Roi* »; *Schah,* roi, *pour*, fils; d'où Schapour, dont les Latins ont fait Saponus ou Sapor.

Ce prince a régné de 238 à 276; il fit la guerre à tout le monde connu et en triompha. C'est lui qui, vainqueur de l'empereur Valérien, se servait de cet illustre vieillard, devenu son prisonnier, comme d'un escabeau pour monter à cheval.

Nasser-ed-Din Schah

ET

LA PERSE

I

La France a eu deux fois la visite d'un grand souverain de la dynastie des Kadjars, qui porte le titre de descendant de Djemschid et de Darius.

Deux fois aussi notre pays a dignement rempli les devoirs de l'hospitalité, et nous pouvons dire que Nasser-ed-Din, schah de Perse, a emporté de notre patrie de grands et beaux souvenirs.

Aussi, lorsque le souverain persan quittait Paris, il disait au Président de la République française, en lui serrant la main : « Au revoir, maréchal, à bientôt, si l'on peut dire que dans cinq ans, ce soit bientôt. »

Nous avons tenu à reproduire textuellement cette phrase qui contient un sentiment trop délicat pour ne pas venir directement du cœur.

Certes, Nasser-ed-Din a trouvé, dans toute l'Europe, le plus sympathique accueil, mais on ne nous accusera pas d'outrecuidance si nous constatons que « le beau pays de France », dont parlait avec tant d'attendrissement l'infortunée Marie Stuart, lui a semblé plus beau et plus intéressant que tout autre.

Eh bien ! devant cet hommage rendu à la France, nous pensions que les journaux sérieux laisseraient aux feuilles frivoles, qui vivent d'un calembour et d'une facétie, l'humiliante besogne de calomnier un souverain qui a bravé deux fois les fatigues d'un si lointain voyage pour se découvrir devant Paris, dont, comme toutes les natures d'élite, il a subi l'irrésistible ascendant.

Nous pensions que cette magnifique hospitalité que nous avions été si heureux d'offrir à Nasser-ed-Din n'aurait pas de revers, et que la calomnie ne viendrait pas ternir le flatteur souvenir que tous ceux qui aiment la France doivent garder de notre hôte illustre.

Nous nous étions trompés, car quelques jours à peine après le départ du souverain persan, on lisait dans la *France*, journal qui mérite d'être populaire, grâce à la vaillance de ses rédacteurs, on lisait un article intitulé : « *Le Schah de Perse* », et des plus hostiles à l'hôte qui venait de nous quitter.

Nous déclarerons tout d'abord que cet article ne pouvait avoir, aux yeux de personne, l'autorité d'une page écrite par la rédaction. C'était un extrait d'un livre paru récemment : « *Victor Hugo chez lui* », par M. Gustave Rivet.

Quelle est la part de M. Victor Hugo dans cette fantaisie ?

Nous n'aurions pas à le rechercher, et nous ne nous en serions pas autrement inquiétés, si la puissante publicité de la *France* ne l'avait jeté aux quatre coins du pays.

Nous répondrons parce que nous avons quelque souci de la vérité historique, et parce qu'il ne convient pas que, même aux yeux des indifférents, des anecdotes semblables puissent paraître authentiques.

Faisons en passant une petite rectification géographique : Le schah de Perse ne s'est pas embarqué à Recht, comme le dit la

France, pour se rendre à Téhéran, par la raison toute simple que Recht est le port de débarquement sur la mer Caspienne, et qu'à partir de ce point la route se fait par caravane jusqu'à la capitale de l'Empire persan.

A propos d'un dîner offert par le prince de Galles au schah de Perse, lors de son voyage à Londres en 1873, M. Gustave Rivet raconte d'après M. Victor Hugo, que Nasser-ed-Din parlant du duc de S..., le plus riche des lords anglais, dit au prince de Galles :

— Vous allez lui faire couper la tête ?

— Et pourquoi ?

— Mais pour lui prendre son argent !

Ce propos sauvage aurait été rapporté au grand poète par un attaché d'ambassade grecque.

Nous mettons au défi MM. Victor Hugo et Gustave Rivet de prouver que cet attaché d'ambassade ait existé autre part que dans l'imagination de l'auteur des *Châtiments*.

D'ailleurs, tous ceux qui ont fréquenté l'entourage du schah de Perse, tous ceux qui connaissent ses divers ambassadeurs à Paris, à Vienne, à Londres et à Constantinople, peuvent témoigner que ces personnages sont trop au courant de nos habitudes et de nos mœurs pour que celui qu'ils représentent à l'étranger soit capable d'un écart de langage si contraire à notre civilisation.

Au surplus, ce *racontar* nous semble retarder de quelques siècles, et si nous nous reportons à l'époque où il aurait pu être possible, il ne serait peut-être pas très-opportun de jeter un coup d'œil sur notre propre histoire, où nous trouverions des séquestrations de biens accomplies avec un sans-gêne, qui pour être occidental, n'en serait pas moins condamnable.

Passons maintenant aux faits sanglants qui auraient couronné les débuts du règne de Nasser-ed-Din.

Quand le schah monta sur le trône, nous dit M. Gustave Rivet, toujours d'après M. Victor Hugo, il avait un tout jeune frère. « Pour ne redouter plus tard ni complots ni rivalité, il résolut de se débarrasser de cet enfant, et donna tout simplement l'ordre de le faire assassiner.

« Dans le palais vivait auprès des jeunes princes un vieux précepteur qui les avait élevés. Le cœur du vieillard s'attendrit sur le sort qui menaçait son plus jeune élève ; il l'aimait tendrement, et résolut de le sauver. Il alla trouver le schah et lui dit : — Maître, je me charge de te débarrasser de ton frère.

— Fais, dit le schah.

Le percepteur sort, cherche l'enfant qui jouait dans les jardins, l'appelle, le couvre de caresses, pleure même sur sa tête ; puis, d'un coup rapide, il lui enfonce ses pouces dans les yeux, et les fait jaillir hors des orbites...

Cette horrible exécution accomplie, il revient vers le schah et lui dit :

— Maître, tu es délivré ; jamais l'enfant ne pourra régner, car la loi dit qu'il faut un voyant pour conduire les autres. Il est aveugle.

Cette anecdote repose sur un de ces calembours que le poète des *Orientales* affectionne. La loi entend par *voyant* non pas l'homme qui distinguerait à quinze pas une guêpe d'une abeille, mais celui qui *voit* dans la sphère supérieure des idées.

Il y a eu des souverains aveugles en Orient : aux yeux des fidèles, ils n'en étaient pas moins des voyants dans la religieuse acception du mot (1).

Mais laissons là ces subtilités, et contentons-nous de rappeler que la royauté est héréditaire en Perse, que la succession s'y poursuit de mâle en mâle, et que le choix de l'héritier appartient au souverain qui, de son vivant, désigne son successeur.

« Ce prince », dit M. le comte de Rochechouart, dans ses *Souvenirs d'un voyage en Perse,* « porte le titre de Veliat ; le choix du « roi est libre; cependant l'usage l'oblige à « ne choisir que parmi ceux de ses fils dont « la mère appartient à la tribu royale. Le « Veliat une fois nommé, il est impossible « de le destituer. »

Jusqu'à son avénement au trône, le prince Veliat est gouverneur de Tébris, ce qui est un moyen de le préparer aux affaires de l'État.

(1) « Les mutilations auxquelles étaient autrefois exposés les princes du sang et la séquestration dans laquelle ils passaient leur vie, sont des habitudes qui n'ont pas survécu à la dynastie de Séférvich, et les Chah-Zadels actuels jouissent de la plus grande sécurité. Le gouvernement des provinces est confié aux plus considérables d'entre eux, mais leur naissance ne leur donne aucune prérogative ni aucune autorité. » (Comte de Rochechouart, *Souvenirs d'un voyage en Perse*).

Cette loi de succession date de Feth-Ali-Schah ; elle fit l'objet d'un article spécial au traité de Tourcmanschaï, que ce souverain signa avec la Russie, en 1828.

Ceci dit, occupons-nous des faits qui ont présidé à l'avénement de Nasser-ed-Din-Schah.

A la mort de Mohammed-Schah, le 6 septembre 1848, Abbas-Mirza, frère cadet de Nasser-ed-Din, bien qu'il n'eût aucun droit au trône, voulut y prétendre. Il afficha des espérances que partagèrent quelques personnes de son entourage. Mais lorsque Nasser-ed-Din fit son entrée solennelle dans Téhéran, le frère du schah quitta volontairement la capitale de la Perse et se rendit à Nadjah, près de Bagdad, où se trouvent les tombeaux de quelques imans descendant du Prophète.

Nasser-ed-Din avait quitté le gouvernement de la province importante d'Azerbidjân pour le trône de ses aïeux. Ses premiers actes furent empreints d'une générosité que s'expliquent tous ceux qui connaissent son caractère humain. Oubliant ses justes griefs contre son frère cadet, il le rappela plusieurs fois auprès de lui, mais ce prince, confus de sa conduite, n'osa de longtemps paraître devant le souverain qu'il avait offensé.

Cependant, il finit par céder aux instances du schah, et rentra en Perse, où il fut nommé gouverneur de Khamsa, une des principales provinces du pays. Le frère de Sa Majesté occupe encore aujourd'hui ces hautes fonctions, ce qui démontre suffisamment la puissance inventive de M. V. Hugo.

Nasser-ed-Din a encore deux frères qui sont toujours restés auprès de lui; l'un d'eux, Ezedolé, est venu en Europe en 1873, accompagnant son frère dans le voyage qu'il fit à cette époque.

Les mœurs intimes de Nasser-ed-Din sont le complément de son caractère public : elles sont douces et patriarcales.

Tout le temps qu'il ne consacre pas aux affaires du pays, il le passe avec ses frères et avec sa mère, femme du plus grand mérite, et pour laquelle il a une véritable adoration.

Il occupe ses loisirs à la lecture des journaux français, à l'étude spéciale du dessin et de la géographie. Il a pour les belles cartes un goût tout particulier : il rêve longtemps en songeant à l'histoire, aux habitudes, aux mœurs des pays dont les géographes ont retracé la configuration.

Nasser-ed-Din-Schah excelle dans la caricature.

Lorsqu'il fit, à Saint-Gratien, une visite à la princesse Mathilde, il dessina une charge très-réussie du colonel Lamorelle.

La princesse étant absente, le schah lui laissa ce souvenir, auquel elle attache naturellement un grand prix.

Pour en finir avec l'article de la *France,* rappelons que dans les nombreuses guerres entreprises par le schah de Perse contre des ennemis ou des sujets révoltés, on n'a jamais cité de lui aucun acte de cruauté.

Les *trente livres pesant d'yeux* sont une fable inventée à plaisir, et aucun des auteurs qui ont écrit sur la Perse, le comte de Gobineau, Ferrier, Fraser, Dumas, etc..., ne s'occupent d'un fait qu'ils n'auraient certainement pas négligé d'enregistrer, s'il avait eu la moindre apparence de vérité.

L'histoire des « dents arrachées à des

conspirateurs, puis enfoncées à coups de marteau dans le crâne de ces malheureux, en dessinant, avec ces clous horribles, le nom du schah, leur seigneur tout-puissant », n'est pas plus vraie. C'est une fantaisie malveillante, écrite ou racontée de mauvaise foi. Comment d'ailleurs admettre qu'un bourreau, même un bourreau persan, puisse, avec trente-deux dents, tracer le nom du schah qui contient onze lettres ? Cette simple réflexion peut servir de réfutation.

Parmi toutes les dents que M. Victor Hugo a conservées, il en est une qu'il devrait bien faire arracher, c'est celle qu'il a contre tous les souverains, même contre ceux qui ne sont pas responsables d'un exil, auquel il doit, après tout, les palmes d'un martyre que beaucoup de pauvres Calédoniens auraient bien voulu partager.

Indépendamment des ouvrages sur la Perse que nous avons consultés, nous connaissons assez de personnes ayant vécu plusieurs années dans ce pays; nous avons l'honneur d'être en relations amicales avec assez de personnages officiels persans; nous avons pu, enfin, approcher d'assez près les principaux ministres de Nasser-ed-Din Schah, lors de son séjour à Paris et à Vienne, pour ne pas craindre d'affirmer que tous les faits avancés par M. Rivet sont de simples fictions sorties d'un cerveau de poëte, qu'un ami de la vérité comme M. de Girardin, n'aurait jamais dû publier sans contrôle; d'autant plus qu'il s'agissait d'un souverain que sa qualité d'hôte de la France avait revêtu d'un caractère sacré.

Nasser-ed-Din Schah est assurément le souverain le plus humain de l'Asie. D'un abord très-facile, malgré les traditions des monarques de l'Orient, il est aimable et enjoué surtout avec les Européens et particulièrement avec les Français qui ont l'honneur de l'approcher.

Et maintenant que la réfutation de l'article reproduit par la *France* nous semble complète, nous ne laisserons pas un sujet si intéressant à tant de titres sans donner à nos lecteurs une idée plus précise, non-seulement du souverain persan, mais encore du pays sur lequel il règne si glorieusement.

II

Nasser-ed-Din est né en 1829. Il fut élevé par Khane-Khanan, son oncle maternel, un persan de vieille roche. Nous avons dit plus haut que le schah était gouverneur d'une province éloignée lorsqu'il fut appelé au trône. Il reçut la nouvelle de son élévation par l'intermédiaire du consul général de Russie à Tébriz, le prince Anitschkoff.

Nasser-ed-Din, qui a la mémoire du cœur, s'est toujours souvenu de cette circonstance, et fidèle aux traditions de son père et de son aïeul, il a, depuis lors, témoigné une véritable sympathie à la Russie.

Il se rendit en toute hâte à Téhéran, accompagné de Mirza-Agha-Khan, dont nous donnons plus loin un portrait emprunté à l'un des hommes qui connaissent le mieux les choses et les hommes de la Perse.

Il prit le gouvernement des mains du Conseil de régence, que la reine-mère et les princes du sang avaient constitué en vue de maintenir l'ordre jusqu'à l'installation de Nasser-ed-Din.

Aussitôt après les fêtes du couronnement, le souverain et son premier ministre mirent tous leurs soins à reconstituer l'armée et à l'organiser sur le pied européen et sur le modèle français.

Quand Mirza-Agha-Khan mourut, en 1851, la Perse était une véritable puissance militaire.

Nasser-ed-Din a été un conquérant : ses exploits sont nombreux, et il a porté ses armes victorieuses jusque dans la Tartarie indépendante, au delà des frontières du Khoraçan.

Il venait à peine de s'emparer de la ville de Merw, nous dit M. Dutemple, dans son excellente biographie de Nasser-ed-Din, qu'une subite invasion du Khan de Khiva le força à entreprendre une lutte où il eut à déployer des qualités de premier ordre. Le Khan fut vaincu.

Nasser-ed-Din a soutenu également des guerres contre le Khan de Salar, contre l'iman de Mascate, etc., et presque toujours avec avantage.

En 1856, il déclara la guerre à Hérat, à

l'instigation de la Russie, qui, habile politique, sait susciter entre les divers peuples orientaux des conflits dont elle espère profiter tôt ou tard.

Cette guerre d'Hérat, ses causes et les événements qui s'y passèrent sont encore imparfaitement connus. Un voile mystérieux semble couvrir toute cette affaire.

Enfin, un traité de paix fut signé à Téhéran, le 14 avril 1857 et ratifié à Bagdad le 17 du même mois.

Les premières relations du gouvernement persan avec le gouvernement français datent de septembre 1708, époque où un Français, M. Michel, revêtu de pouvoirs authentiques, conclut avec Schah-Sultan-Hussein un traité au nom de Louis XIV; elles se continuèrent avec des phases diverses sous Louis XV, sous l'empereur Napoléon Ier et sous Louis-Philippe. Mais à partir de 1855 ces relations furent tout à fait amicales.

M. Bourée, envoyé extraordinaire à Téhéran, fut chargé de ratifier un traité de commerce et d'amitié, ce qui eut lieu solennellement le 12 juillet.

Voici, à titre de curiosité, le préambule de ce traité :

« Au nom du Dieu clément et miséricordieux....

« Entre :

« Sa Haute Majesté l'Empereur Napoléon, dont l'élévation est pareille à celle de la planète Saturne, à qui le Soleil sert d'Etendard, l'Astre lumineux du firmament des têtes couronnées, le Soleil du Ciel de la Royauté, l'ornement du Diadème, la splendeur des Etendards, insignes impériaux, le Monarque illustre et libéral ;

« Et sa Haute Majesté Nasser-ed-Din, élevée comme la planète de Saturne, le Souverain à qui le Soleil sert d'Etendard, dont la splendeur et la magnificence sont pareilles à celles des Cieux, le Souverain sublime, le Monarque dont les armées sont nombreuses comme les Étoiles, dont la grandeur rappelle celle de Djemschid, dont la munificence égale celle de Darius, l'héritier de la couronne et du trône des Keyaniens, l'Empereur sublime et absolu de toute la Perse... »

La dynastie des Kadjars, en effet, a tenu à se rattacher aux plus anciens souverains de la Perse. Nadir-Schah ne voulait dater que de lui, et sa dynastie l'imita. Mais Agha-

Mohammed, en vue d'affermir sa dynastie, prit, à l'exemple des Sophis, le titre de descendant de Djemschid et de Darius. Ce ne sont donc point seulement là de vaines images littéraires, comme on pourrait le croire. C'est une tradition historique qui se continue.

Ce traité stipule une paix et une amitié perpétuelles entre la France et la Perse. Les marchands et les commerçants dans les deux pays doivent être traités sur le pied de la nation la plus favorisée ; des consuls français résideront désormais à Téhéran, à Bender-Bouchir *(Abou-Chehr)* et à Tauris; les consuls persans résideront à Paris, à Marseille et à l'île de la Réunion.

Vers la fin de 1859, Nasser-ed-Din entreprit une excursion à travers les diverses provinces de son empire. Il voulait voir par lui-même et constater l'état de ses nombreux gouvernements, réformer et améliorer s'il y avait lieu.

Dans ce voyage, on le vit se départir un peu de l'étiquette orientale. Il permit à des personnes de divers rangs de l'approcher, et avec la bonhomie qui fait le fond de son caractère, il sut tirer d'elles d'utiles enseignements.

Lorsque, après deux mois d'absence, il revint à Téhéran, la population lui fit une ovation splendide. Il donna l'ordre que le peuple ne fût point tenu à distance, — ce qui charma tous ses sujets. Il paraît même qu'à un certain moment un groupe de femmes se précipita sur son passage, demandant à grands cris qu'on leur permît de voir leur chahinchah (roi des rois). Nasser-ed-Din se prêta de bonne grâce à ce désir féminin, et, avec une galanterie toute persane, arrêta quelques minutes son cheval, pour permettre à ses fidèles sujettes de contempler leur souverain.

Les résultats de ce voyage ne se firent point attendre, et, au mois d'avril de l'année suivante (1860), Nasser-ed-Din fit paraître une série d'ordonnances tendant à alléger les charges de ses sujets et à mettre un frein à la rapacité des gouverneurs.

Il commença par donner l'exemple lui-même et se priva des droits auxquels ses prédécesseurs attachaient une haute importance. Ainsi, il interdit aux gouverneurs de lui offrir à l'avenir, lorsqu'il traverserait leurs provinces, des présents en argent. Les gouverneurs, en effet, avaient coutume d'offrir des cadeaux, mais les faisaient payer par leurs tributaires, — ce qui leur permettait de faire les magnifiques à bon compte.

Une autre ordonnance porte : que dorénavant les impôts seront recueillis par des receveurs spéciaux. Les gouverneurs recevront un traitement fixe et n'auront plus rien à réclamer aux habitants des provinces.

Le plus important de tous ces édits est celui qui règle la nomination des gouverneurs de provinces, et veut qu'elle ne soit plus, à l'avenir, le prix de la faveur. Jusqu'alors, en effet, les candidats à ces hautes fonctions avaient coutume de gagner l'entourage du prince par de fortes sommes d'argent. Et, comme la richesse n'est point preuve de mérite et de capacité, on peut se faire une idée des singuliers choix qui avaient lieu.

Nasser-ed-Din eut bientôt occasion de faire exécuter cette ordonnance. Il annula la nomination au poste de gouverneur du Guilân, d'un frère de la reine. Ce seigneur ne devait son élévation qu'à l'intelligent placement d'une somme respectable de *tomans*. Le Schah nomma à sa place Ahmed-Khan-

Nivâgi, qui jouissait d'une excellente réputation dans toute la Perse.

On voit que Nasser-ed-Din sait mettre à profit ses voyages. Ce qui nous confirme dans cette idée, que s'il a entrepris, en 1878, une nouvelle excursion à travers l'Europe, ce n'est point pour satisfaire seulement un simple caprice, une curiosité vulgaire.

Nasser-ed-Din a eu l'honneur d'introduire le télégraphe en Perse.

Ce fut en 1861 que la première ligne télégraphique fut établie. Cette ligne, d'une longueur d'environ quatre cents milles anglais, suit le grand chemin des Caravanes, qui part de Téhéran et aboutit à Tebriz.

Voici dans quels termes le *Vekâyâ,* journal officiel de Téhéran, rendit compte de l'inauguration :

« Le jeune souverain de la Perse a assisté en personne à l'inauguration de ces lignes, le 21 janvier. Dès le matin, on le vit aux bureaux télégraphiques qui se trouvent sur l'esplanade du palais impérial. Tous les dignitaires de la cour, en grande tenue, et des milliers de spectateurs arrivés de la province, assistaient aux opérations. Les questions se faisaient de manière à pouvoir être entendues de tout le monde, et chaque réponse, aussitôt arrivée et proclamée à haute voix, était saluée par les cris joyeux de la foule et par des salves d'artillerie. »

Nasser-ed-Din témoigna sa satisfaction en faisant don à son oncle Ettizad-ou-Seltenet, provisoirement chargé des travaux relatifs à la télégraphie, d'une pelisse d'honneur et d'une dague ornée de diamants et de pierreries. Son adjoint, Ali-Kouli-Vékan, directeur des télégraphes, reçut le grand cordon de l'ordre du Lion couchant, avec un châle des Indes et une augmentation de traitement.

Cette joie que témoignait Nasser-ed-Din en voyant l'électricité transmettre ses ordres à travers ses États, n'est point la seule preuve qu'ait donnée ce prince de son amour pour les innovations, et de son désir d'imiter l'Europe en ce qu'elle possède de bien.

Nasser-ed-Din se préoccupe vivement de l'établissement des lignes de chemins de fer, et particulièrement de la ligne de Téhéran à Recht, sur la mer Caspienne, dont les travaux doivent commencer incessamment.

Grâce à l'appui et à l'instigation d'un homme jeune encore et d'une intelligence remarquable, sur lequel les Persans fondent de grandes espérances pour l'avenir de leur pays, — S. E. Mirza-Ali-Khan (Emine-ul-Moulk), ministre chef du cabinet de S. M. et son chef de cabinet, le service de la poste a été établi en Perse, et maintenant les lettres sont transportées et distribuées régulièrement dans toutes les localités de l'empire.

Enfin, lors de son voyage à Paris, Nasser-ed-Din, frappé de la richesse et de l'éclat de la lumière électrique installée sous ses fenêtres, sur la place et le long de l'avenue du nouvel Opéra, a donné l'ordre de lui procurer un appareil à deux foyers.

Son Excellence Emine-ul-Moulck a chargé de ce soin un Français bien connu dans l'industrie de l'éclairage, et qui va installer la lumière électrique à Téhéran, dans le palais du souverain : un foyer à l'intérieur, et un autre à l'extérieur, pour que le public puisse apprécier la nouvelle application et en profiter.

Notre compatriote a été engagé au service du gouvernement persan par Son Altesse Mirza-Hussein-Khan, Ministre de la Guerre, Ministre des affaires étrangères et premier Ministre de Sa Majesté le Schah de Perse, pour construire des usines à gaz à

Téhéran et dans les principales villes de la Perse.

Ajoutons que Mirza-Hussein-Khan est un ministre d'une intelligence et d'une habileté incontestables, et qu'il occupe le poste le plus élevé auprès de son souverain, dont il a toute la confiance.

Mirza-Hussein-Khan est parent de Nasser-ed-Din.

Plusieurs officiers et fonctionnaires ont été engagés en Europe, pour aller prendre le commandement de l'armée, ou la direction de services qu'ils auront à organiser sur des bases européennes.

Indépendamment de son commerce et de son industrie, la Perse possède de nombreuses sources de richesse, au nombre desquelles figurent les mines dont le pays est rempli : mines d'or, d'argent, de plomb, de fer, de cuivre, etc., etc. Ces mines représentent un capital incalculable qui dort, mais qui se réveillera d'un moment à l'autre, sous la direction des Européens que le gouvernement a su s'attacher.

La Perse manque jusqu'à présent de

moyens de communication, et tout doit être porté à dos de bêtes de somme. C'est assurément là un grave inconvénient, mais avec les dispositions que l'on connaît au souverain, et dans lesquelles il est puissamment secondé par quelques-uns des ministres qui l'ont accompagné dans ses voyages en Europe, cet inconvénient disparaîtra bientôt par l'établissement d'une voie ferrée reliant la mer Caspienne au Golfe Persique.

Quant à la vie privée de Nasser-ed-Din, nous répétons qu'elle est celle d'un bon fils qui adore sa mère, avec laquelle il passe la plus grande partie du temps qu'il ne consacre pas aux affaires du pays. Il reçoit ses frères, ses parents, ses ministres, emploie ses loisirs à lire les livres et les journaux français, à dessiner, etc., et enfin, il passe le reste de la journée en prières.

Ses habitudes sont des plus simples, comme celles de tous les Persans. Il est d'une frugalité qui rappelle celle des Perses à l'époque du grand Cyrus. Quelques plats de riz différemment préparés, deux ou trois ragoûts, du kébab (rôti à la brochette); pour boisson de l'eau sucrée, de la limonade ou du lait aigre mêlé avec de l'eau et un peu de sel; tel est son menu quotidien.

Nasser-ed-Din est un chasseur intrépide et un tireur exceptionnel; on raconte de lui des exploits cynégétiques que Gérard et Bombonnel seraient heureux et fiers de signer.

La chasse, la chasse aux fauves surtout, est pour lui un plaisir et une passion.

Ainsi, pendant quatre mois de l'année, à l'époque des grandes chaleurs, quand le souverain abandonne, avec sa cour, la résidence de Téhéran, il parcourt la montagne, ne craignant pas de s'aventurer seul et sans aucune escorte, dans les endroits les plus escarpés et les plus sauvages, jusqu'aux plus dangereux repaires des fauves qui habitent ces montagnes; et souvent il revient de ces expéditions lointaines et toujours fort dangereuses, en en rapportant tantôt une panthère, tantôt un tigre, tantôt un lion tué par lui.

Nasser-ed-Din-Schah a trois fils : l'aîné, Muzaffar-ed-Din, est né en 1850; il est prince héritier, Veliat, et gouverneur de l'importante province de l'Azerbidjân; les deux autres sont nés en 1854. L'un, Dzidal-ed-Daulé, est gouverneur d'Ispahan; l'autre,

Yemin-ed-Daulé, est gouverneur général de Schiraz.

Nasser-ed-Din a un harem. Il n'y a pas de prince oriental sans harem. Quant au nombre de femmes qu'il renferme, on l'ignore. Cependant on croit généralement qu'il y en a une trentaine. Son aïeul Feth-Ali-Schah en avait cinq cents, tandis que trois suffisaient à son père Mohammed-Schah.

Chacune de ces femmes a son harem particulier, ce qui représente un personnel immense vivant des deniers du souverain.

Quant à l'ameublement de son palais, rien n'est moins compliqué, mais partout règne une propreté exquise; des tapis admirables couvrent tous les parquets. Ces tapis sont eux-mêmes recouverts de châles de cachemire d'une beauté merveilleuse; les plafonds sont ornés de lustres et les murs sont couverts de glaces qui descendent jusqu'aux parquets.

En général, les meubles européens ne sont pas de mise en Perse. Les Persans de distinction ont bien, pour faire asseoir les Européens qu'ils reçoivent, des chaises et des fauteuils confectionnés dans le pays, et souvent dangereux par leur peu de solidité, des tables, des guéridons pour poser des plateaux de sucreries, le thé et le café; mais, quant à eux, ils préfèrent s'asseoir sur leurs magnifiques et moelleux tapis, d'où ils ne courent pas le risque de tomber.

Pour le bois de lit, c'est un meuble dont les Persans n'aiment pas à se servir; ils ne comprennent pas que, pour dormir, on se perche comme des oiseaux. Ils ont de très-bons matelas, des traversins, des coussins d'une grandeur démesurée et recouverts de cachemire bordé de franges d'or ou de soie, quelquefois de perles fines, des couvertures également en cachemire ou en étoffe de soie du pays. Pendant le jour, les matelas sont soigneusement enveloppés dans de grands draps de soie ou de cachemire; on met par dessus les coussins à découvert; le tout est appuyé contre le mur et forme, avec les glaces, les cristaux et les porcelaines placés sur des étagères pratiquées dans les murs, le plus bel ornement d'une chambre persane.

III.

Nous avons parcouru tous les livres écrits sur la Perse depuis trente ans. Partout, nous avons trouvé des documents qui permettraient à M. Victor Hugo et même à M. Gustave Rivet changer de convictions à l'égard de Nasser-ed-Din.

Mais poursuivons notre cueillette à travers les livres inspirés par le schah de Perse ou par l'étude des mœurs du pays où il est souverain absolu.

Le comte de Gobineau nous donne un très-curieux récit d'une réception qui lui fut faite par le schah.

« Sa Majesté était assise sur un trône fort élevé qui me parut très-brillant. Nasser-ed-Din avait alors vingt-cinq à vingt-six ans. Sa figure est belle et noble. Il porte la barbe coupée très court et de longues moustaches qui rappellent celles du roi de Sardaigne. Il a de beaux yeux intelligents. Il parle vite et brusquement pour dissimuler, dit-on, une timidité très-réelle. Le ministre de France prit place sur un fauteuil en face du roi, à une douzaine de pas. Le reste de la maison se tint debout. Au milieu du salon, étaient aussi debout trois ou quatre princes du sang, oncles du roi. L'un tenait le sabre orné de pierreries, l'autre le bouclier, l'autre la masse d'armes. Ces divers ornements du trône étincelaient de diamants, d'émeraudes et de rubis. Le roi lui-même, couvert de pierres précieuses, était vêtu d'un koulydjêh, espèce de tunique courte en soie de couleur claire, bordée de perles. Il portait de larges bracelets de diamants...... Sa Majesté parla beaucoup de l'Empereur et de la France, et montra une grande connaissance de la géographie de notre pays...... »

Puis vient un portrait de Mirza-Agha-Khan, le premier ministre. Il vaut la peine d'être cité tout entier.

« Mirza-Agha-Khan, Sadr-e-azam, ou premier ministre, est un homme qui serait remarquable partout pour ses talents ou pour son esprit, mais qui l'est particulièrement en Perse pour sa connaissance profonde de son pays et du caractère de ses concitoyens. Il appartient à une tribu du Mazendéram, les Nourys, et sa naissance est distinguée. Son père occupait déjà de grandes charges. Son élévation personnelle a eu lieu graduellement. Il jouit au plus haut degré de la faveur de son maître, et il la mérite. On ne saurait se faire une idée de l'activité prodigieuse de cet homme d'Etat. A peine s'il dort quelques heures vers le matin, mais tout le jour et presque toute la nuit sont consacrés par lui aux affaires. Il veut voir et connaître tout : l'intérieur, l'extérieur, les finances, le commerce, la justice. Sans cesse entouré de secrétaires, il donne des ordres, les fait écrire devant lui, y appose son cachet, et envoie lui-même les courriers. Je l'ai vu très-souvent debout, au milieu d'une cour, appointant les débats que les premiers venus apportaient à sa décision ; et comme si tout cela ne suffisait pas encore, il administre lui-même sa fortune, vend son riz, son sel, sa soie et ses blés. Enfin, il n'arrive pas un fait domestique à Téhéran ou ailleurs, il ne se raconte pas une anecdote dont il ne veuille être instruit, et, comme il a une mémoire prodigieuse, l'esprit gai, et qu'il connaît toutes les familles de l'empire, leurs tenants et aboutissants, c'est un des conteurs les plus agréables et les plus spirituels que l'on puisse entendre. Sa grande passion, passion qu'il possède au plus haut degré, c'est son amour excessif pour ses proches; il aime ses enfants d'une affection sans bornes, qui s'étend jusqu'aux derniers membres de sa tribu. J'ai vu beaucoup Mirza-Agha-Khan. Je l'ai surtout pratiqué pendant quinze mois lorsque j'ai eu l'honneur d'être à la tête de la légation. Comme je n'ai jamais trouvé chez lui qu'un profond attachement au service de son maître, une grande loyauté dans ses rapports diplomatiques, un sincère désir du bien et du juste, j'ai conçu et conserverai toujours pour lui une affection particulière... »

Nous avons tenu à reproduire ce portrait d'un homme d'Etat auquel le Schah de Perse avait donné sa confiance.

Pour un ministre de l'Orient, c'est-à-dire d'un pays qui, d'après MM. Victor Hugo et Gustave Rivet, serait l'antre du despotisme, il nous semble que Mirza-Agha-Khan laisserait beaucoup à désirer, et que le souverain qui l'avait choisi avait fait preuve de tact et d'intelligence.

Combien de nations européennes voudraient avoir à leur tête, ou du moins à la tête de leurs affaires, un ministre « d'une activité prodigieuse, qui consacre tout son temps à son pays, qui est fidèle à son souverain, et qui n'a qu'un défaut, celui d'aimer trop sa famille. »

Ces lignes que nous avons tenu à reproduire ont-elles été écrites pour les besoins d'une cause? Non ! On peut les lire dans l'ouvrage de M. le comte de Gobineau, *Trois ans en Asie*, écrit en 1859.

Nasser-ed-Din a beaucoup fait pour Téhéran. Autrefois, c'est-à-dire lors des son avènement au trône, il était pour ainsi dire impossible, même au printemps, de rester dans la capitale. La fièvre ne manquait pas de saisir les résidents obstinés et d'en faire prompte justice. L'air était empesté, l'eau mauvaise, et quand on sortait des autres villes de Perse pour venir dans ces lieux décriés, on croyait aller à la mort.

Tout s'est beaucoup amélioré ; la ville, naguère sale et en décombres, s'est nettoyée et relevée. On y construit beaucoup de belles et de grandes maisons: les bazars y deviennent magnifiques et nombreux. On y a élevé le caravansérail d'Hadjeb-Eddvouleh, que l'on peut appeler un des plus beaux monuments de la Perse, et qui pourrait être cité avec honneur à côté des plus élégantes constructions d'Ispahan.

Le roi fit bâtir autour du marché vert, *Meydan-e-Sebz*, au centre de la ville, d'élégantes galeries. Cette place même, bien pavée, ornée d'un grand bassin carré, est rendue plus remarquable encore par la porte de la forteresse flanquée de deux tourelles couvertes du haut en bas de mosaïques en émail. Il ne s'est pas passé une année qu'on n'ait vu s'élever de toute part de beaux édifices. Les quantités d'eaux courantes que le roi a fait venir de la montagne ont singulièrement amélioré le climat. Les descriptions de Téhéran, faites jusqu'en 1860, ne sont plus vraies.

Des précédentes lignes, il résulte que Nasser-ed-Din a fait aussi son rêve d'*Haussmann*, qu'il ne s'est pas alangui et énervé dans la tradition, qu'il n'a pas voulu ressembler même à nos anciens rois indolents que promenaient dans Paris les quatre bœufs, au pas tranquille. Le souverain persan s'est occupé, dès les commencements de son règne, de procurer le bien-être à tous les habitants de la capitale. Il n'a pas voulu qu'on mourût autour de son merveilleux palais.

Puisque nous parlons de palais, nous ne saurions trouver une meilleure occasion de résumer l'impression que firent sur le savant Jaubert les jardins magnifiques du palais impérial de Feth-Ali-Schah, un des prédécesseurs de Nasser-ed-Din Schah.

« A la fin de l'audience, nous dit cet auteur dans son *Voyage en Arménie et en Perse,* Feth-Ali-Schah ordonna qu'on me fit voir les jardins de son palais, faveur dont aucun étranger, m'assura-t-on, n'avait joui jusqu'alors. J'y fus conduit à l'instant même. Une haie très-épaisse et des murs construits en briques les entourent. Je ne vis, de quelque côté que je tournasse mes regards, que des arbres ou des arbustes chargés de fleurs. Tout flatte les sens dans ces jardins délicieux. De belles allées de platanes, entremêlées de buissons, de rosiers et de jasmins, serpentent en tous sens. Elles sont ornées de grands bassins de marbre, du milieu desquels s'élancent perpétuellement des jets d'eau qui retombent en pluie sur des plates-bandes de fleurs. Le platane, l'ormeau, le lilas et l'hortensia, croissant pêle-mêle, forment divers bosquets.

Des ruisseaux dirigés avec art entretiennent sans cesse une végétation vigoureuse. Des volières cachées sous un feuillage épais recèlent une multitude d'oiseaux. Enfin, les tulipes, les narcisses, les anémones, les œillets et diverses fleurs rares dans nos licmats, éparses comme au hasard au milieu du gazon qui forme des tapis de verdure, réjouissent les yeux par l'éclat de leurs couleurs et embaument l'air de leurs suaves parfums.

Le premier objet qui s'offrit à ma vue fut un kiosque d'une construction légère et hardie. Il était peint en bois des couleurs les plus vives, et garni de treillis dorés qui réfléchissaient au loin les rayons du soleil. Des peupliers verdoyants l'entouraient d'un autre côté. On découvrait, à travers un massif d'aubépines et de saules, une petite mosquée dont le minaret, d'une forme déliée, s'élançait au-dessus des arbrisseaux....»

Cette citation, qui s'éloigne un peu de notre sujet, démontre suffisamment que le luxe oriental sait prendre ses inspirations dans le goût le plus pur, et si nous avions foi dans tous les aphorismes de nos poètes, nous pourrions invoquer celui-ci :

« L'homme qui aime les fleurs n'est pas un barbare. »

Mais ce n'est pas de Feth-Ali-Schah que nous voulons entretenir nos lecteurs. Pour être fidèle à notre titre, après avoir donné sur la vie de Nasser-ed-Din tous les renseignements nécessaires, nous tenons à jeter sur la Perse, sa religion et ses mœurs, un coup d'œil général.

IV

Les Persans sont une nation très-ancienne, et, comme ils le disent eux-mêmes, la plus ancienne peut-être du monde qui ait eu un gouvernement régulier et l'organisation d'un grand peuple.

Cette vérité est présente à l'esprit de toute la famille Iranienne.

Ce ne sont pas seulement les classes lettrées qui la connaissent et qui l'expriment : les gens du plus bas étage s'en repaissent, y reviennent volontiers et en font le sujet de leurs conversations ordinaires.

C'est là la base du ferme sentiment de supériorité qui constitue une de leurs idées communes, et une portion importante de leur patrimoine moral.

M. le comte de Gobineau raconte qu'on le complimentait souvent parce que les Français étaient la monarchie la plus antique de l'Europe, et qu'en cela ils ressemblaient aux Persans. Dans la pensée des interlocuteurs de notre auteur, il y avait une politesse pour lui, mais aussi un grand honneur pour les Persans.

D'une opinion si universellement répandue et si goûtée, on doit tirer cette conséquence que la tradition exerce une grande autorité sur l'esprit de la population.

Ce n'est pas le domaine exclusif des lettrés, c'est le bien de chacun, et chacun veut en posséder la part la plus large possible, et prend un plaisir extrême à l'augmenter sans cesse.

Sous le mot tradition, il faut comprendre les annales du pays, les matières théologiques, la littérature, un certain nombre de notions scientifiques, bref, ce qui constitue l'héritage moral des aïeux.

Le peuple, en Perse, adore ses histoires. Ce serait peu de dire qu'à toutes les époques les rois et les princes les plus exclusivement guerriers ont fait manœuvrer des ambassades, déclaré et soutenu des guerres pour enlever ou conserver un volume précieux.

Il pourrait n'y avoir là qu'un caprice individuel ; mais il est déjà plus significatif de voir avec quelle douleur le gouvernement de Feth-Ali-Schah livra les ouvrages d'histoire et de littérature que le traité de 1828 l'obligeait à donner à la Russie, et, ce qui l'est plus encore, c'est la difficulté que l'on éprouve à décider les gens des plus basses classes à se séparer d'un manuscrit.

Pour qu'ils consentent à le vendre, il faut qu'ils soient pressés par le plus impérieux besoin ; et moins ils sont instruits et capables d'apprécier la valeur de l'ouvrage qui leur tient si fort au cœur, plus il y a de peine à conclure un marché avec eux.

Après le sentiment national qui, suivant sa façon d'être, donne à un peuple une place considérable, le point le plus intéressant à observer est l'étude des croyances religieuses.

La Perse est un pays de mahométans. La foi musulmane y fait loi et les habitants ont toujours à la bouche des formules tirées du Coran.

Il est impossible de causer avec un indigène, quel qu'il soit, sans entendre des expressions telles que celles-ci : *Inchallah!* avec l'aide de Dieu ! *Masch Allah!* Que Dieu nous garde ! *Khodavenet-Allen!* le Seigneur du monde ! *Hezret-è-peïgomleer!* Son Altesse le Prophète ! *Selavat Allah ali hou aleh!* Que Dieu le sauve et l'exalte !

Nasser-ed-Din Schah, nous dit un écrivain fort compétent sur les choses de l'Orient, dans un livre qui remonte à vingt ans environ, Nasser-ed-Din Schah est doué d'une active imagination. Sa piété est vive, mais pas plus que celle de son père, elle n'est contenue dans les limites du strict islam : et il ne peut en être autrement puisque Nasser-ed-Din est essentiellement un Persan et doit avoir les sentiments, les instincts, les entraînements qui ont toujours existé dans son peuple. Il a donc voué, entre autres pratiques de dévotion, un culte particulier aux saints : il manifeste sa piété en remplissant ses appartements de portraits et d'effigies sacrées auxquelles il se plaît à adresser ses prières. Aux commencements de son règne, il annonça qu'une image authentique d'Ali était en sa possession; que cette image, apportée de l'Inde, avait une origine qui ne pouvait en faire suspecter la parfaite ressemblance, et qu'en conséquence c'était pour la nation le plus précieux des palladiums; qu'inspiré par son respect pour le gendre du prophète et la source de l'Imanat, il avait résolu de se décorer officiellement de ce portrait sacré; et enfin que cette circonstance devait donner lieu à une solennité digne de la religion et du trône. En effet, les grands de l'État furent convoqués à jour dit au palais de Téhéran, les troupes se mirent sous les armes, et le corps des moullahs, ses chefs en tête, vint faire ses compliments au roi, approuver sa piété et lui pendre au cou la sainte effigie. Jamais rien de semblable ne s'était vu en Perse depuis l'invasion arabe, et tout le monde le remarqua.

V

Parmi les Persans, dont une grande partie sont nomades, il y a un type religieux à observer, c'est le derviche philosophe.

A pied ou monté sur un âne, le philosophe nomade se met en route, s'arrêtant où il veut, pendant des mois, des années, ou traversant les villes sans que rien ni personne ne l'arrête; dans les déserts. il se joint aux caravanes; dans le pays où il croit ne pas avoir besoin de protection, il va seul, et personne ne lui demande pourquoi. Un ruisseau coulant entre deux pierres et abrité d'un saule, lui paraît offrir un repos agréable. Il s'y assied et y demeure tant que ce séjour lui convient.

Un de nos diplomates a rencontré ainsi, dans une masure en ruines, aux environs de Reï, l'ancienne Rhagés, un derviche venu de Lahore qui passa là plusieurs jours. Le lieu lui avait semblé agréable. Un matin il disparut. Le but final de son voyage était Kerbela. C'était un homme d'une rare instruction, d'un langage recherché et fleuri, connaissant beaucoup les livres, ayant au moins soixante ans et l'expérience de beaucoup de catastrophes qu'il avait toujours heureusement traversées. Son élégance était tout intellectuelle. Il était vêtu d'une robe de coton blanc tombant en lambeaux, les pieds et la tête nus, les cheveux flamboyants, la barbe grise en désordre, la peau calcinée et sillonnée de rides, mais l'air souriant et les yeux pleins de feu.

Dans quelque lieu que ces gens s'arrêtent, ils racontent aux habitants qui bientôt les entourent, ce qu'ils ont vu dans leurs pérégrinations, et les conclusions qu'ils ont tirées de toutes choses.

Ces gens montrent des talents si variés, leurs traits sont si mobiles et leur voix si flexible, que l'on en croit à peine le témoignage de ses yeux lorsqu'on voit le même homme menacer avec fureur, pardonner avec bonté, ou supplier avec l'accent d'une femme tendrement émue.

L'art de conter des histoires est, en Perse, un chemin qui conduit à la fortune; mais peu de gens y réussissent; car pour devenir un conteur habile, il faut beaucoup de talent et d'étude. Il ne suffit pas de connaître un grand nombre d'histoires, il faut savoir varier le récit par des incidents nouveaux, et posséder par cœur les plus beaux passages des poètes pour les introduire dans le récit.

Souvent ils font grande impression sur les esprits ; et comme la religion est un des thèmes favoris de leurs entretiens et qu'ils y sont très-hardis, c'est à ces religieux errants qu'il faut attribuer ce mouvement d'hérésie continuel dont le monde musulman est tourmenté, surtout en Perse.

Il y a en Perse un clergé nombreux et puissant, mais quelque indépendant qu'il soit, son autorité ne va pas jusqu'à la licence. Si l'on voulait examiner l'état de la foi dans ce pays, on arriverait certainement à des résultats qu'on est loin de soupçonner en Europe, où l'on s'obstine à considérer l'Asie centrale comme le foyer du fanatisme musulman ; tandis, qu'au contraire, il n'y a pas de pays où l'islamisme soit plus battu en brèche.

Certainement la Perse a une religion d'Etat, mais de même qu'en France, la religion d'Etat ne peut être considérée que comme la religion du plus grand nombre, et elle n'a ni privilége, ni exclusion.

Les Arméniens, les Chaldéens, les Juifs et les Guèbres réunis forment une partie notable de la population, et partout ils vivent en bonne intelligence avec les musulmans.

Une grande partie du commerce avec l'étranger est dans les mains des Arméniens, et plusieurs places importantes dans le Gouvernement sont occupées par des membres de cette religion.

Les Persans adorent les discussions religieuses, et à l'inverse des Turcs avec lesquels on les confond trop aisément en Europe, on ne peut leur être agréable qu'en mettant la conversation sur ce sujet; et pourvu qu'on se serve de termes convenables, personne ne s'offusquera d'entendre même discuter la religion de leur prophète.

De la religion à la poésie, il n'y a pas loin.

Dites-nous quels sont vos poètes, nous vous dirons quel peuple vous êtes.

Une courte revue de la littérature persane donnera une idée de cette nation.

La langue que les Persans parlent aujourd'hui commença à prendre les formes qu'elle conserve actuellement après l'invasion de l'empire des Sassanides par les sectateurs de Mahomet. Ceux-ci détruisirent tous les monuments littéraires que leur fanatisme les portait à mépriser, et ils obligèrent les vaincus à se servir de la langue du Coran.

Cependant, quelques ouvrages survécurent au désastre, et la langue conservée dans quelques provinces redevint bientôt d'un usage général dans tout l'Empire.

On a appelé la langue persane l'*Italien de l'Asie.* Par la richesse des épithètes et la douceur des mots qui la composent, elle mérite des éloges que la plupart des orientalistes, et particulièrement le célèbre William Jones, se sont plu à lui accorder.

Citons tout d'abord, parmi les grands écrivains de la Perse, poètes ou historiens, Ansari, Ferdansi, Khakhani, qui à ses talents littéraires joignait des connaissances étendues dans les sciences exactes, Felekhi, Anwery et Saadi, dont la réputation est si universelle que nous sommes heureux de lui consacrer quelques lignes.

Malgré les richesses nombreuses que nous offre le vaste champ des littératures de l'Asie,

Saadi est pour ainsi dire le seul poète de l'Orient dont la réputation soit devenue européenne. Ses sentences morales l'ont rendu presque aussi célèbre parmi nous que parmi ses compatriotes, qui lui ont voué un culte presque divin. Ses ouvrages sont certainement, après le Coran, le monument littéraire le plus généralement répandu en Asie. Aussi, pour exprimer la popularité de ses vers, a-t-on surnommé la cellection de ses œuvres *Namakdani cher* (la salière de la poésie.

Saadi fit ses études à Bagdad ; puis il embrassa la vie spirituelle, et se mit sous la direction d'un sofi célèbre, nommé Abd-el-Kader Guilani. Il fit plusieurs fois le pèlerinage de la Mecque et toujours à pied. Il passa trente années à étudier, trente autres en voyage et trente encore dans la retraite et les exercices de piété. Il apprit beaucoup, et selon son expression, il n'est point un coin de terre d'où il n'ait tiré quelque profit, et de gerbe dont il n'ait dérobé un épi.

L'invasion des Turcs contraignit Saadi à quitter son pays. Après avoir parcouru l'Egypte, il fut pris par les Croisés, en Terre Sainte. Ce fut là qu'un marchand de Halep le reconnut, le racheta pour dix écus d'or, et lui fit épouser sa fille. Cette union ne fut pas heureuse.

Pendant les dernières années de sa vie, Saadi s'était enfermé dans un monastère voisin de Chiraz, d'où il ne sortait jamais. Il y recevait la visite des rois et des princes qui venaient quelquefois se recommander à ses prières, et lui présenter quelques offrandes de fruits et de sucreries. C'est dans ce monastère qu'il mourut l'an 690 de l'hégire, à l'âge de 110 ans.

On possède de Saadi cinq entretiens en prose et en vers, un diwan, également en prose et en vers, un traité de l'esprit et de l'amour, les conseils aux rois, le traité du prince Abaka, le traité du roi Chernseddin, le Gulistan, le Boustan, dix-huit petits poèmes en arabe, quarante petits poèmes persans, huit oraisons funèbres en vers, le livre des Étincelles et les colloques des oiseaux.

Après Saadi, il faut citer encore Hafez, qui tient de Tibulle et d'Anaurevn, Djami, Myrklond, Khondémyr, Molla, Benay et Moclés; Abdalrazzac, auteur d'un ouvrage important sur l'histoire des descendants de Timour; Hossein Vaez, commentateur du

Coran et auteur d'une traduction très-célèbre du livre de Calila et Dimna.

Parmi les productions récentes des auteurs persans, on remarque une histoire de Schah-Abbas-le-Grand, et une autre de Nadir-Schah.

L'aïeul de Nasser-ed-Din, Feth-Ali-Schah, aimait passionnément la poésie. La bibliothèque possède un manuscrit qui renferme quelques odes et autres compositions de ce souverain.

Enfin, nous voyons autour de Nasser-ed-Din, un jeune ministre, dont nous avons déjà parlé, S. E. Mirza-Ali-Khan, qui a acquis en Perse une grande réputation par ses poésies, lesquelles, nous a-t-on dit, sont fort appréciées.

Mais nous nous attarderions trop, si nous voulions passer en revue tous les grands noms de la littérature persane ; nous avons voulu seulement, dans cette rapide étude, jeter un coup d'œil sur un Souverain digne de tous nos hommages, à cause de ses qualités personnelles et de la grande et sincère affection qu'il professe pour la France; et en même temps sur ce poétique pays dont les mœurs ont tenté si souvent les historiens et les voyageurs.

Un examen plus approfondi de l'histoire de la Perse ne ferait qu'augmenter en nous cette conviction, c'est que Nasser-ed-Din Schah, rompant avec toutes les traditions de ses illustres aïeux, a osé regarder le monde moderne en face.

Trop intelligent pour ne pas comprendre que c'est encore dans la vieille Europe qu'il faut chercher les grandes sources du progrès et les germes féconds de l'avenir, il n'a pas hésité à venir lui-même chercher des enseignements et des inspirations.

Tous ceux qui ont suivi le schah de Perse dans les diverses phases de ses grands voyages, l'ont toujours vu prêt à toutes les innovations utiles. Placé sur un des plus illustres trônes de l'univers, il a compris que sa mission n'était pas de s'endormir dans les souvenirs énervants du passé : il est avant tout un homme de progrès, et aucune des grandes choses de la civilisation ne l'a trouvé indifférent.

Sa Majesté Nasser-ed-Din s'est réservé une glorieuse page dans l'histoire, et ce n'est pas un racontar, imprudemment répandu, qui la lui effacera.

On doit aux souverains la vérité tout entière, même lorsqu'elle est agréable à entendre. C'est pour cela que nous avons saisi avec empressement l'occasion qui nous était offerte de la proclamer hautement.

Nous aurions été désireux de nous occuper de l'industrie persane considérée dans toutes ses branches, et particulièrement de l'art merveilleux des émaux et des poteries, si florissant encore aujourd'hui dans ce pays, et dont on peut dire que les Persans possèdent le secret depuis la période la plus reculée de l'antiquité.

Mais cette étude, que nous ne pourrions traiter que d'une manière fort incomplète, nous éloignerait trop des limites assignées tout d'abord à cette brochure.

D'ailleurs, nous ne pourrions faire ce travail qu'à l'aide de documents connus que nous ont livrés les voyageurs qui ont visité la Perse depuis le XVIe siècle, et en nous aidant des connaissances toute spéciales de M. le comte Elie de Beaumont, le fondateur de la grande école céramique persane, à Paris, et de celles de notre ami Léon Parvillée, un grand artiste qui, s'il n'a pas trouvé le secret de ces merveilleux émaux persans si appréciés dans le monde entier, a du moins créé des types qui ne seraient pas déplacés sur les murs du palais de Téhéran.

Honoré d'une mission du Gouvernement Persan, nous allons pouvoir nous livrer sur place à des recherches et à des études séduisantes, et peut-être aurons-nous le bonheur, à notre retour en France, d'apporter notre jalon dans une question qui intéresse l'art en général à un aussi haut degré.

Au moment où nous revoyons les épreuves de ces dernières pages, nous recevons la nouvelle, qne depuis la signature de la Convention anglo-turque, on s'occupe sérieusement en Russie, de relier Tiflis à Téhéran par un chemin de fer.

Il vient de se former une Compagnie avec un capital considérable; cette Compagnie a déjà envoyé un représentant à la Cour du Schah.

La légation russe à Téhéran a reçu l'ordre de contribuer par tous les moyens dont elle dispose à la réalisation du projet. On croit d'autant plus au succès de ces négociations que les conditions de la Compagnie russe ne sont nullement onéreuses pour le Trésor persan, et diffèrent avantageusement des prétentions exorbitantes élevées naguère par le baron Reuter pour la ligne de Téhéran à Recht. Le chemin de fer de Tiflis à Téhéran une fois achevé, il serait prolongé dans la direction de Hérat. On prétend même que le général Abramof a été chargé d'entretenir l'émir Chir-Ali de cette question.

Si cette nouvelle est exacte, — et nous avons tout lieu de le croire, — c'est un premier coup porté à l'influence anglaise dans les Indes.

C'est la Perse placée entre deux ambitions rivales : l'ambition anglaise et l'ambition russe.

Or, la Perse doit rester indépendante. Ses intérêts lui commandent d'éviter de se lier trop étroitementt avec la Russie, dont on connaît l'esprit envahisseur, aussi bien qu'avec l'Angleterre, dont on connaît les tendances à ne protéger ses alliés que dans la mesure des bénéfices qu'elle en retire.

Ce serait, de la part de la Perse, un acte profondément politique, que de placer ses intérêts sous le protectorat d'une puissance neutre, dont la sympathie désintéressée lui est acquise depuis plusieurs siècles.

Nous avons nommé la France.

La France, en effet, est la seule puissance dont l'intervention puisse prévenir un jour, — et ce jour est peut-être moins éloigné qu'on ne le pense — le choc de l'Angleterre et de la Russie, en Orient.

La Perse a des ministres d'une habileté et d'une clairvoyance incontestables : leur indiquer l'écueil, c'est, en même temps, leur indiquer le moyen de l'éviter.

Nous croyons ne pouvoir mieux terminer cet opuscule, dont les proportions ont dépassé de beaucoup la limite que nous lui avions assigné, qu'en reproduisant la lettre remarquable publiée dans le *Moniteur universel* du 28 août, en réfutation d'un article du *Times*.

Le journal anglais, dans ses réflexions sur la Perse et son souverain, obéissait à un autre mobile que celui auquel s'abandonnait le rédacteur de la *France*, en reproduisant les racontars de Victor Hugo.

Tous deux demandaient une réfutation :

la lettre du *Moniteur* répond victorieusement au journal anglais. Nous espérons avoir répondu non moins victorieusement à l'article publié par le journal français.

Si nous avons suffisamment démontré la fausseté des racontars attribués par M. Gustave Rivet à notre grand poète, nous serons heureux d'avoir ainsi contribué à un acte de haute justice envers un souverain digne à tous égards du respect et des encouragements de la presse française, toujours prête à aider de son influence les tentatives d'amélioration, de progrès et d'humanité.

Et maintenant, pour terminer cet opuscule par la même phrase qui terminait l'article de la *France,* nous dirons avec une juste fierté :

« VOILA L'HISTOIRE DE L'HOMME A QUI LA RÉPUBLIQUE FRANÇAISE ET LES SOUVERAINS D'EUROPE ONT DONNÉ L'HOSPITALITÉ. »

NOUVELLES DE PERSE

Téhéran, le 15 Juillet 1878

Dans son numéro du 27 mai dernier, le *Times* a publié des réflexions qui lui ont été suggérées par l'arrivée de Nasser-ed-Din Schah en Europe, et la brillante réception qui a été faite à Sa Majesté à la cour impériale de Russie.

Ces réflexions, qui au premier aspect sembleraient être destinées à éclairer le public européen sur la situation politique et économique de la Perse, ne sont en réalité qu'un réquisitoire aussi violent que peu justifié dirigé contre ce pays et son souverain.

L'auteur de cet article s'évertue à établir un contraste entre l'intérêt que le voyage entrepris par Nasser-ed-Din Schah en 1873 aurait éveillé en Europe, et l'indifférence avec lesquelles ce souverain y serait considéré à l'heure qu'il est.

Selon le *Times*, le premier voyage de Nasser-ed-Din Schah aurait fait espérer que Sa Majesté pourrait être enrôlée parmi les souverains civilisés et civilisateurs, et qu'en même temps son pays ne tarderait pas à être ouvert à de grandes entreprises commerciales et industrielles. Ces espérances se seraient bien vites évanouies, et le *Times* en impute la cause au caractère et aux actes de Nasser-ed-Din Schah ainsi qu'à l'ordre de choses qui règne actuellement en Perse.

Cet ordre de choses serait funeste à l'avenir de la nation persane, à laquelle, nonobstant l'esprit naturel dont elle serait douée, l'auteur de l'article n'attribue qu'un pouvoir intellectuel d'un ordre inférieur.

Non content d'affirmer qu'en fait de moralité et de civilisation les Persans seraient autant en arrière des Turcs que ceux-ci le seraient de l'Occident, le journal de la Cité, assumant le rôle de prophète, déclare que la race persane est une race mourante et qui va disparaître.

Plus un jugement est sévère et implacable, plus on est obligé de mettre de la circonspection à le prononcer, et plus on est tenu à ne point négliger de reproduire les faits et les arguments de nature à en démontrer le bien fondé et l'impartialité.

Le *Times* n'a pas jugé nécessaire de se conformer à cette règle, et c'est en vain que nous avons cherché à recueillir dans l'article du journal de la Cité les considérations en vertu desquelles il s'est cru autorisé à lancer un arrêt de mort contre la Perse.

C'est à d'autres que nous abandonnons le soin d'apprécier un tel procédé. Pour ce qui nous regarde nous croyons servir la cause de la vérité en opposant aux imputations arbitraitres et injurieuses du *Times* des observations puisées dans une connaissance plus exacte des conditions particulières dans lesquelles se trouve la Perse.

Rien que la violence et le mépris avec lesquels le *Times* traite ce pays, qui depuis plus de trois quarts de siècle se trouve en rapports directs avec la Grande-

Bretagne, suffisent pour démontrer que la feuille anglaise croit avoir un grief à venger. Ce grief est loin d'être formulé en termes précis ; mais l'ensemble des arguments n'indique que trop clairement que la Perse et son gouvernement ont encouru la condamnation pour n'avoir pas su justifier les espérances que la première visite du schah aurait fait naître dans le monde financier de Londres, lequel s'était imaginé que les capitaux anglais allaient trouver un placement avantageux dans ce pays.

Il ne nous appartient pas d'examiner à quel degré ces espérances avaient été légitimes ? Notre intention est de nous borner à étudier la question de savoir si la Perse peut être accusée d'en avoir empêché la réalisation.

La veille même du départ de Nasser-ed-Din Schah pour l'Europe en 1873, le gouvernement avait donné une preuve éclatante de son désir d'ouvrir le pays à l'industrie européenne. La Compagnie Reuter avait offert à la Perse ses services pour la construction d'un réseau ferré, et, pour assurer le succès de cette vaste entreprise, les ministres persans n'hésitèrent pas à souscrire aux conditions onéreuses auxquelles le baron Reuter et ses associés avaient cru devoir subordonner leur concours. En dehors de la construction du réseau en question, ceux-ci obtinrent simultanément l'exploitation des mines, des forêts et des eaux, en un mot de toutes les richesses naturelles de la Perse. Les concessionnaires furent en même temps dotés de priviléges dont, en vertu des traités existants, les étrangers ne sont pas admis à jouir en Perse.

S'étant montré aussi large, le gouvernement persan crut pouvoir se flatter de l'espoir qu'à leur tour les entrepreneurs se montreraient non moins empressés à remplir conscieusement les engagements qu'ils avaient contractés envers la Perse.

Cet espoir fut déçu. Au terme fixé par l'acte de concession, les entrepreneurs ne furent pas en mesure de commencer les travaux et le gouvernement persan, justement préoccupé des dangers auxquels les intérêts vitaux du pays allaient se trouver exposés à la suite de la négligence ou de la mauvaise volonté des concessionnaires, se vit dans la nécessité de révoquer la concession.

Il est à peu près superflu de faire ici mention d'autres propositions qui ont été faites à la Perse dans le but d'obtenir l'exploitation de différentes branches d'industrie. Toutes ces propositions ne tendaient qu'à l'établissement de vastes monopoles au profit de capitalistes et n'impliquaient aucune des garanties que tout gouvernement préoccupé du bien-être et de l'avenir du pays est en droit de réclamer.

Faut-il s'étonner que par la suite le gouvernement persan soit devenu moins confiant, et qu'aujourd'hui il ne se laisse plus aussi facilement séduire par l'appât des avantages et des gains que naguère encore on faisait miroiter à ses yeux.

Au risque même d'encourir de nouveau des reproches tout aussi amers que ceux dont l'accable le *Times*, la Perse préfère se tenir sur la réserve et attendre le moment où il lui sera possible de faire réaliser les améliorations nécessaires à des conditions moins onéreuses.

D'ailleurs, un exemple frappant est venu éclairer depuis lors le gouvernement persan sur les dangers auxquels il aurait pu s'exposer en livrant toutes les richesses du pays entre les mains d'entrepreneurs étrangers.

Le temps n'est pas loin où la Turquie a été l'objet d'un véritable engouement de la part du monde financier. L'accès de tous les grands marchés d'Europe lui fut ouvert, et pendant plus de quinze ans la Porte s'est vue, à la lettre, assiégée par des entrepreneurs qui venaient lui offrir leurs capitaux et le concours de leur expérience pour opérer la régénération du pays et pour assurer le développement de ses ressources naturelles, que l'on disait être inépuisables. Le gouvernement ottoman se laissa gagner à ces offres fallacieuses, mais au bout d'un certain temps, il eut à expier ses illusions. Il vint un jour où les ministres du sultan durent se convaincre que le crédit du pays avait été surmené, et que le trésor était grevé d'une dette énorme, tandis que les améliorations obtenues au prix de tant de sacrifices se réduisaient à bien peu de chose.

Voudrait-on voir la Perse ne pas tenir compte de ce terrible exemple? Ce serait mal augurer du patriotisme et de la sagesse de Nasser-ed-Din Schah et de ses ministres.

Pour ce qui regarde le jugement sévère que le *Times* porte sur le caractère, les capacités intellectuelles et l'avenir de la race persane, nous nous bornerons à faire observer que ce jugement est loin d'être d'accord avec des appréciations répandues dans un grand nombre d'ouvrages dus à la plume de voyageurs distingués qui ont été à même d'étudier de près la Perse. D'ailleurs ne semblerait-il pas que le journal de la Cité se met en contradiction avec lui-même, lorsque d'un côté il n'accorde aux Persans qu'un pouvoir intellectuel d'un ordre inférieur, et que de l'autre il reconnaît l'esprit naturel dont ils sont doués, ainsi que la distinction littéraire que la langue persane a acquise?

Il y a peu de pays qui aient eu un passé aussi orageux que celui de la Perse et qui aient eu autant de révolutions à traverser. Au milieu de toutes ces révolutions, le peuple persan a su conserver son indépendance et est resté fidèle au caractère national, et cette circonstance seule suffit pour invalider les appréciations pessimistes du journal anglais quant à la vitalité de la race persane.

Il est certain que sous le rapport de la civilisation la race persane est encore très-arriérée ; mais il serait au plus haut point injuste de ne pas tenir compte des circonstances qui ont empêché ce pays d'inaugurer plutôt des rapports suivis avec le monde civilisé. Il serait non moins injuste d'affirmer que depuis l'époque où ces rapports ont commencé, le gouvernement persan n'a rien fait pour améliorer les conditions intérieures du pays. Le *Times* lui-même reconnaît que, comparé aux « souvenirs hideux, *hideous records* » légués par les règnes précédents, le régime inauguré par Nasser-ed-Din Schah, offre un adoucissement du despotisme. De la part d'un journal qui a frappé d'un arrêt de mort, un tel aveu est au plus haut point significatif et il indique qu'un progrès réel s'est accompli sous le règne de Nasser-ed-Din Schah. Ce progrès, qui paraît être d'autant plus important qu'il est dû à l'initiative personnelle et spontanée du souverain actuel, peut être considéré comme un gage certain de futures améliorations. Sous le rapport de la civilisation, la Perse est certainement inférieure à l'empire ottoman qui, dès son origine, s'est vu placé dans de bien meilleures conditions. Mais peut-être la distance qui sépare ces deux pays n'est-elle pas aussi considérable que semble le croire le *Times* lorsqu'il prétend que les Persans seraient autant en arrière des Turcs que ceux-ci le seraient des nations de l'Occident. L'empire ottoman renferme d'immenses territoires qui sont restés complétement étrangers aux bienfaits de la civilisation moderne, et à cette occasion il n'est pas sans intérêt de rappeler un fait auquel l'Europe n'a pas accordé toute l'attention qu'il semblait mériter de sa part.

L'année dernière, à l'époque où le territoire ottoman était souillé par le sang de milliers de sujets chrétiens de la Porte, qui tombaient victimes du fanatisme et de la barbarie de leurs compatriotes musulmans, la Perse accueillait chez elle des centaines de malheureux qui, ayant réussi à échapper au carnage, étaient venus réclamer un asile dans les Etats de Nasser-ed-Din Shah. Jusqu'à présent le gouvernement de Sa Majesté n'a pas jugé nécessaire de se prévaloir de ce fait, et cette réserve suffit à elle seule pour démontrer que le fanatisme n'a pas de prise sur la nature des Persans ; que la tolérance est profondément enracinée dans les mœurs et les traditions de la nation, et qu'elle est largement pratiquée sous le règne actuel.

Nous sommes heureux de témoigner ici tous nos remerciements à Son Excellence le général Nériman-Khan, ambassadeur de Perse à Vienne, et à Son Excellence Nazare-Aga, ambassadeur de Perse à Paris, pour la gracieuseté qu'ils ont mise à nous fournir les renseignements dont nous avons pu avoir besoin.

FABIUS BOITAL.

PARIS

IMPRIMERIE BREVETÉE CHARLES BLOT

RUE BLEUE, 7

www.ingramcontent.com/pod-product-compliance
Ingram Content Group UK Ltd.
Pitfield, Milton Keynes, MK11 3LW, UK
UKHW022134190726
13855UKWH00003B/1142

9 782013 023030